Inhalt

Behavioural Finance - Wie das Bauchgefühl in die Wissenschaft Einzug hält

Kernthesen

Beitrag

Fallbeispiele

Weiterführende Literatur

Impressum

GENIOS WirtschaftsWissen Nr. 07/2008 vom 01.07.2008

Behavioural Finance - Wie das Bauchgefühl in die Wissenschaft Einzug hält

G.Dengl

Kernthesen

- Immer mehr berücksichtigt die Wissenschaft auch nicht-rationales Verhalten von Wirtschaftsakteuren in ihren Modellen. Insbesondere das Verhalten von Investoren an der Börse oder den Einfluss der Preiswahrnehmung auf eine Kaufentscheidung sind hierbei auch von praktischem Interesse.
- Die Grundlage für den gesamten Forschungszweig des Behavioural Finance

wurde in den 1970er Jahren mit der Prospekttheorie gelegt. Sie besagt, dass gleich hohe Verluste bzw. Gewinne emotional völlig unterschiedlich wahrgenommen werden: Menschen sind grundsätzlich Verlustvermeider. Dies führt gerade im Wirtschaftsleben zu einer Reihe von gefährlichen Fehleinschätzungen.
- Noch weiter geht die Neuroökonomik. Sie versucht die Gehirnströme zu messen, die bei bestimmten wirtschaftlichen Entscheidungen anstehen, und kommt vorläufig zur verblüffenden Erkenntnis, dass Entscheidungen nur in Ausnahmefällen rational getroffen werden.

Beitrag

Finanzmarktkrisen und Wühltische im Einzelhandel zeigen es immer wieder: das Verhalten im Wirtschaftsleben ist alles andere als rational. Dennoch wird dies von der Wissenschaft erst seit ein paar Jahrzehnten systematisch untersucht. Mittlerweile liegen die ersten Erkenntnisse vor, die auch einen praktischen Nutzen haben.

Eine unangenehme Wahrheit: Menschen handeln nicht rein rational

Irrationales Verhalten kennt jeder aus dem Wirtschaftsleben, sei es das Verhalten von Anlegern an der Börse, das auf der einen Seite durch übermäßige Vorsicht und auf der anderen Seite durch übermäßige Euphorie gekennzeichnet ist, oder die alltägliche Reaktion auf Sonderpreise im Einzelhandel, die teilweise zum Kaufrausch führt, obwohl die Reduktionen materiell kaum eine Bedeutung haben. In der Theorie wurde solches Verhalten lange ausgeblendet, weil es viel einfacher war, Modelle aufzustellen, die rein logisch funktionieren - auch wenn man immer wieder gesehen hat, dass diese Modelle die Realität nur unzureichend erklären. Erst Mitte der 1970er Jahre gewährte man auch dem menschlichen Bauchgefühl Einzug in die Wissenschaft. Damals wurde oft noch von irrationalem Verhalten gesprochen, als Abgrenzung zum etablierten Wissensstand über rationales Verhalten, mittlerweile hat sich der Begriff "Behavioural Finance" eingebürgert, als Sammelbegriff für all jene menschliche Verhaltensweisen, die nicht auf reiner Logik beruhen. Nach aktuellen Erkenntnissen sind das die meisten.

Grundlage des "Behavioural Finance": Die Prospekttheorie ("Prospect Theory")

Eine der größten Erkenntnisse des "Behavioural Finance" wurde in den 1970er Jahren von den Wissenschaftlern Daniel Kahnemann und Amos Tversky in der "Prospect Theory" zusammengefasst. Sie gewannen ihre Erkenntnisse bei der Untersuchung des Verhaltens von Börsenspekulanten. Das Ergebnis kurz zusammengefasst: Die Aussicht auf fünf Euro Gewinn ist emotional weniger stark, als die Angst, fünf Euro zu verlieren. Obwohl der mathematische Wert beider Veränderungen identisch ist, sind die Gefühle, die damit einhergehen ganz unterschiedlicher Natur. Menschen haben eine viel höhere Angst ihren Status Quo zu verlieren, als sie Freude dabei empfinden, ihn zu verbessern. Diese Erkenntnis bildete die Grundlage für den gesamten Forschungszweig des "Behavioural Finance". (2)

Bauchgefühl und Börse gehen Hand in Hand - passen aber nicht zusammen

Das Verhalten von Anlegern an der Börse ist quasi seit Etablierung von Börsen ein emotionales Thema. Um so mehr wundert man sich, dass Börsenpsychologie bzw. Finanzmarktpsychologie erst seit einigen Jahrzehnten wissenschaftlich erforscht werden. Die Erklärungen, die die Wissenschaft liefert, sind weniger überraschend als eher beschämend: im Wesentlichen läuft es darauf hinaus, dass Anleger immer wieder die gleichen Fehler machen, und daraus nie zu lernen scheinen. Besonders verbreitet sind folgende "Fehlleistungen":
- Übertriebene Verlustängste. Durch die Prospekttheorie zu erklären. Der Fehler besteht allerdings nicht darin, Verluste durch Fehlspekulation zu erzeugen, sondern durch die Angst, diese Verluste zu realisieren. Typischerweise wird viel versucht, um Verluste nicht zu realisieren, z. B. Nachkaufen oder Aussitzen. In der Regel führen diese Aktionen allerdings dazu anfangs geringe Verluste noch nachträglich zu vergrößern.
- Eskalierendes Committment. Gilt weniger für private als für gewerbliche Anleger. Ein Aktienhändler, der eine bestimmte Strategie verfolgt,

die offensichtlich nicht aufgeht, kann es sich aus Imagegründen oft nicht leisten, von dieser Strategie abzurücken. Um glaubwürdig zu bleiben, es geht schließlich um seinen Job, muss er nicht nur an seiner Strategie festhalten, sondern im Zweifelsfalls sogar noch mehr investieren, d.h. sein Committment erhöhen. Auf diese Weise können Verluste enorm steigen (man denke nur an die Barings Bank oder die Société Générale).
- Blinde Zahlengläubigkeit. Obwohl bereits mehrfach wissenschaftlich nachgewiesen worden ist, dass sich bis zu 80 Prozent der Bewegungen an der Börse nicht mit makroökonomischen Modellen erklären lassen, sondern auf psychologischen Faktoren beruhen, die bisher nicht ausreichend verstanden werden, orientieren sich Investoren immer noch unbeirrt an Analysen, die diese Faktoren komplett ausblenden. (5)

Fallbeispiele

Zertifikate: Die Prospect Theory in der modernen Anlageberatung

Die Erkenntnisse der Prospect Theory, insbesondere die übertriebene Angst vor möglichen Verlusten, macht sich die moderne Anlageberatung zu nutze, indem sie gezielt Produkte anbietet, die vor unsicheren Verlusten schützen - allerdings zu Preisen, die einem sicheren Verlust nahekommen. Das Geschäft mit der Angst ist natürlich nicht nur auf die Anlageberatung begrenzt, man denke etwa an die gesamte Versicherungsbranche, das Erstaunliche in der Anlageberatung besteht darin, dass man es hier ja gerade mit Menschen zu tun hat, die ein bestimmtes Risiko eingehen wollen, sonst könnten sie ihr Geld auch einfach auf dem Sparbuch lassen, aber dennoch anfällig sind für Zusatzprodukte, die in letzter Konsequenz ihre Rendite empfindlich verringern.

Zertifikate sind hier das Spielzeug der Wahl. Sie werden mit derlei vielen Varianten angeboten, dass ein Überblick schwer fällt. Maßgeblich ist jedoch, dass in der Regel Ober- und Untergrenzen für den Kurs des Underlyings bestimmt werden, sowie verschiedene Regeln festgelegt werden, was in diesem oder jenem Fall passiert. Was sich für den Privatanleger so anfühlt, wie ein maßgeschneidertes Produkt ist in Wahrheit ein auf Statistiken beruhendes Produktbündel, dass zwar den Erfolg des Anlageberaters sicherstellt, aber keinesfalls den des Anlegers. Die Berater wissen genau, dass kein Mensch eine Kursentwicklung über mehr als ein paar

Monate voraussagen kann, verkaufen aber Zertifikate mit mehrjährigen Laufzeiten - und dazu noch eine lukrative Absicherung gegen Verluste! Damit sind dann in aller Regel sowohl große Verluste als auch große Gewinne ausgeschlossen; sicher sind nur die lukrativen Gebühren für die Absicherung. (3), (6), (7)

Berücksichtigung psychologischer Faktoren beim Pricing von Kreditprodukten

Was bei Konsumgütern schon seit längerem Usus ist, hält nun Schritt für Schritt auch Einzug in den Vertrieb von Bankprodukten. Die psychologische Wirkung des Preises, z. B. für einen Ratenkredit, wird zunehmend von Kreditinstituten verstanden und auch berücksichtigt. Die Faktoren, die eine Kaufentscheidung hauptsächlich beeinflussen sind Preiskenntnis, Preisimage, Preiswahrnehmung und Preisschwellen. Wichtig ist in diesem Zusammenhang insbesondere, dass Kunden sich den Preis für ein Kreditprodukt, z. B den jährlichen Effektivzins, nicht besonders gut vorstellen können (bezieht sich auf die Preiswahrnehmung). Banken argumentieren deshalb gerne über eine geringe monatliche Rate in Euro, auch wenn dies eine längere Laufzeit bedeutet, und damit letztlich einen deutlich höheren Effektivzins.

(4), (8)

Weiterführende Literatur

(1) Hain, Cornelia / Kenning, Peter / Lehmann-Waffenschmidt, Marco, Neuroökonomie und Neuromarketing, WiSt Wirtschaftswissenschaftliches Studium, Heft 10/2007, S. 501-508
aus Zeitschrift für das gesamte Kreditwesen 04 vom 15.02.2008 Seite 165

(2) Vom Behavioral Finance zur Econophysik
aus Die Bank, Heft 04/2008, S. 22-25

(3) Böse Streiche
aus WirtschaftsWoche NR. 024 VOM 09.06.2008 SEITE 130

(4) Klenk, Peter / Göpfert, Anne, Preisfindung und -durchsetzung im Kreditvertrieb: noch große Ertragschancen Professionelles Pricing, geldinstitute 02/2008, S. 26-29
aus WirtschaftsWoche NR. 024 VOM 09.06.2008 SEITE 130

(5) Die unerträgliche Leichtigkeit der fünf Milliarden
aus Frankfurter Allgemeine Zeitung, 01.02.2008, Nr. 27, S. 40

(6) Private Banking ist Bringschuld
aus Frankfurter Allgemeine Zeitung, 04.06.2008, Nr.

128, S. B8

(7) Zu viel Gefühl
aus Frankfurter Allgemeine Zeitung, 20.05.2008, Nr. 116, S. B9

(8) Betriebswirtschaftliche Wissenschaft und Unternehmenspraxis - Erfahrungen aus dem Marketing-Bereich
aus zfbf - Schmalenbachs Zeitschrift für betriebswirtschaftliche Forschung, Ausgabe 1/2008, Seite 073-093

(9) Wricke, Martin / Herrmann, Andreas / Huber, Frank, Behavioral Pricing - Erklärungs- und Operationalisierungsansätze des Referenzpreiskonzepts, Wirtschaftswissenschaftliches Studium, Heft 12/2000, S. 692-697
aus zfbf - Schmalenbachs Zeitschrift für betriebswirtschaftliche Forschung, Ausgabe 1/2008, Seite 073-093

Impressum

Behavioural Finance - Wie das Bauchgefühl in die Wissenschaft Einzug hält

Bibliografische Information der deutschen Nationalbibliothek

Die Deutsche Nationalbibliothek verzeichnet diese Publikation in der deutschen Nationalbibliografie; detaillierte bibliografische Daten sind im Internet über http://dnb.d-nb.de abrufbar.

ISBN: 978-3-7379-0476-6

© 2015 GBI-Genios Deutsche Wirtschaftsdatenbank GmbH, Freischützstraße 96, 81927 München, www.genios.de

Alle Rechte vorbehalten. Dieses Werk ist einschließlich aller seiner Teile – z.B. Texte, Tabellen und Grafiken - urheberrechtlich geschützt. Jede Verwertung außerhalb der Grenzen des Urheberrechtsgesetzes bedarf der vorherigen Zustimmung des Verlags. Dies gilt insbesondere auch für auszugsweise Nachdrucke, fotomechanische

Vervielfältigungen (Fotokopie/Mikroskopie), Übersetzungen, Auswertungen durch Datenbanken oder ähnliche Einrichtungen und die Einspeicherung und Verarbeitung in elektronischen Systemen.